EDRYCH!
Ecolegydd ydw i

RILY

Rhagair

Mor bell yn ôl ag y galla i gofio, roeddwn i eisiau bod yn ecolegydd. Yn ffodus, tyfais i fyny yng nghanol cefn gwlad sir Drefaldwyn, a dysgais adnabod yr anifeiliaid a'r planhigion o'm cwmpas.

Serch hynny, er mwyn bod yn ecolegydd, roedd angen dysgu llawer am fyd natur ac er mwyn gwneud hynny, es i Lundain i astudio'r pwnc.

Dysgais pam fod y wennol yn treulio'r gaeaf yn ne Affrica, pam fod yr alarch yn dod i Gymru yn yr hydref a pham fod y titw tomos las yn cael llawer o gywion mewn un nyth – hyd at 14! Dyma yw ecoleg – gwe gymhleth, fel un y pry cop ar dudalen 24 – sy'n cysylltu popeth ym myd natur, gan gynnwys ti a fi.

Mae bod yn ecolegydd wedi agor fy llygaid i'r rhyfeddodau sydd yng Nghymru ac ym mhob rhan o'r byd, a dwi wrth fy modd yn dysgu mwy drwy'r amser. Dwi'n gobeithio bydd y llyfr yma'n eich gwneud chi'n ecolegwyr, ac y byddwch yn gwneud eich gorau i achub y blaned!

Iolo Williams

RHYBUDD Oedolyn!

Ar gyfer yr oedolion

Mae'r llyfr hwn yn llawn gweithgareddau ymarferol a fydd yn apelio'n fawr at chwilfrydedd naturiol eich plentyn. Cynlluniwyd pob gweithgaredd i roi cyfle i'ch plentyn ddefnyddio pob synnwyr wrth chwarae a dysgu. Gyda'ch gilydd, gallwch symbylu eu cariad at natur a gwyddoniaeth, yn ogystal â'u dealltwriaeth o'r byd.

Ambell awgrym i'ch helpu ar eich taith

- **Dylai eich plentyn fod dan oruchwyliaeth bob amser** wrth gymryd rhan yn y gweithgareddau a'r arbrofion, ond ceisiwch roi amser a gofod iddynt arwain cyfeiriad y chwarae. Awgrymiadau yw'r cwestiynau yn y llyfr hwn. Gadewch i'ch plentyn ofyn ac ateb eu cwestiynau eu hunain.
- Gadewch i'ch plentyn gymryd rhan ym mhob cam o'r prosiectau. Gadewch iddynt fesur, cymysgu a dilyn y cyfarwyddiadau. Anogwch eich plentyn i ganfod atebion, a gadewch iddynt addasu'r gweithgaredd yn ôl eu dymuniad.
- Mae'r sêr **Rhybudd Oedolyn** yn dangos lle mae angen mwy o help gan oedolyn ar eich plentyn. Cyn dechrau gweithgaredd, ystyriwch unrhyw beryglon yn ogystal â ffyrdd i'w hosgoi. Os oes gan eich plentyn wallt hir, gwnewch yn siŵr ei fod wedi'i glymu'n ôl ac allan o'r ffordd.
- Bydd angen diogelu'r ardal lle bydd eich plentyn yn chwarae ac anogwch nhw i wisgo hen ddillad neu ffedog. Drwy baratoi ymlaen llaw gall eich plentyn fwynhau ei hunan i'r eithaf. Mae creu llanast yn rhan o'r hwyl a'r dysgu!

Cynnwys

Meddyliau bach â syniadau mawr!

Mae ecolegwyr yn astudio **planhigion**, **anifeiliaid**, a'r mannau lle maen nhw'n byw, sef **amgylcheddau**. Galli di fod yn ecolegydd hefyd! Dim ond i ti ofyn **cwestiynau**, a defnyddio **dy ymennydd** a **dy synhwyrau** i ateb!

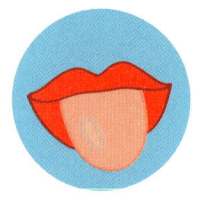

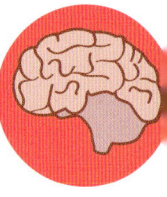

Cwestiynau rhyfedd

Dechreua feddwl fel ecolegydd! Dyma ambell gwestiwn i'w ofyn wrth chwarae.

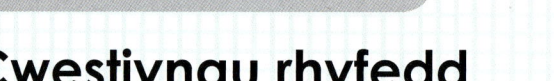

- O weld neu glywed anifail, beth mae hwnnw'n ei wneud? A yw'n galw ar anifeiliaid eraill? A yw'n chwilio am fwyd? A yw'n adeiladu nyth? A yw'n cuddio er mwyn cadw'n ddiogel?

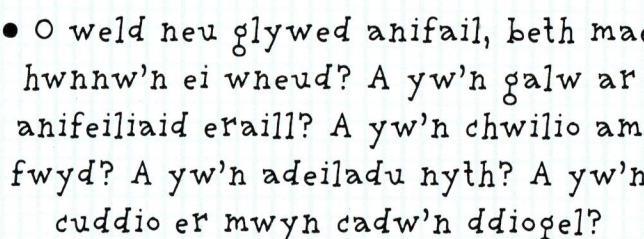

- wrth edrych ar blanhigyn, beth alla i weld? Oes egin newydd yn tyfu? Oes anifeiliaid yn ei fwyta? Oes angen dŵr arno? Oes arogl hyfryd ar y blodau sydd arno? Sut allai hynny helpu'r planhigyn?

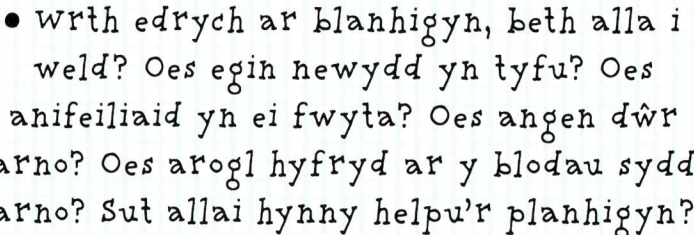

- Oes rhywbeth alla i wneud i helpu planhigion ac anifeiliaid?

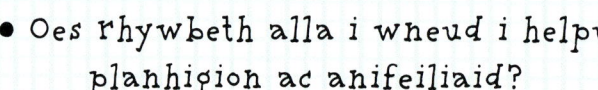

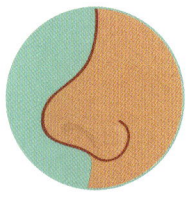

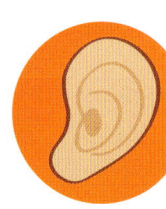

Dy synhwyrau ecolegol

Ymennydd
Dydy dy ymennydd ddim yn un o'r synhwyrau, ond mae'n casglu gwybodaeth oddi wrth bob un ac yn dy helpu i'w deall.

Clywed
Mae anifeiliaid yn gwneud llawer o synau. Beth am wrando'n astud pan fyddi di tu allan? Beth alli di glywed?

Gweld
Mae ecolegwyr ardderchog yn defnyddio'u llygaid i weld cliwiau anifeiliaid, megis olion traed, gwe pry cop, neu grifft llyffant.

Arogli
Mae byd natur yn llawn arogleuon diddorol. Defnyddia dy drwyn i arogli blodau, pridd neu ddail gwlyb.

Blasu
Mae'r tafod yn wych am flasu blasau bwydydd gwahanol. Beth am geisio tyfu perlysiau a'u hychwanegu i fwyd?

Cyffwrdd
Dy groen sy'n dweud wrthot ti sut mae pethau'n teimlo. Bydd yn ofalus gyda phlanhigion pigog ac anifeiliaid a allai dy bigo.

Beth am archwilio'r byd o'n cwmpas?

5

Trysorau natur

Mae **mynd am dro** yn ffordd ardderchog o **weld** byd natur. Casgla **drysorau** megis dail, blodau sydd wedi disgyn, a phlu. Defnyddia nhw mewn crefftau er mwyn **cofio** beth wyt ti wedi darganfod.

Bydd eisiau:

bwced i gasglu trysorau

siswrn

tyllwr papur

llyfr trwm

glud PVA

cerdyn

llinyn, rhuban neu wlân

tâp cryf

ffon

Nod llyfr blodau a dail

Beth am greu **nod llyfr** gan ddefnyddio'r **blodau** a'r **dail** a gasglwyd wrth fynd am dro?

1 Rho'r **blodau** a'r **dail** rhwng dau ddarn o **gerdyn**. Wedyn, rho'r cerdyn rhwng cloriau **llyfr trwm** a'i gau.

6

2

Wedi rhai dyddiau, tynna'r **blodau** a'r **dail** allan o'r llyfr. Bydd yn ofalus – byddan nhw'n **frau**!

RHYBUDD
Oedolyn!

3

Defnyddia **siswrn** i **dorri** darn o **gerdyn** yn ofalus i faint 5 cm (2 fodfedd) o led ac 20 cm (8 modfedd) o hyd.

Defnyddia dyllwr papur i greu twll ym mhen ucha'r cerdyn a chlyma ddarn o linyn, rhuban, neu wlân drwy'r twll.

4

Gwna **gynllun hardd** ar y cerdyn gyda'r blodau a'r dail wedi'u gwasgu, a'u **gludo** yn eu lle.

Ffon atgofion natur

Mae **ffon atgofion** yn ddelfrydol ar gyfer cadw **casgliad** o bethau sydd i'w gweld wrth fynd am dro.

1

Gluda smotiau **glud** ar hyd y ffon yn y mannau lle'r wyt ti am osod dy drysorau o fyd natur. **Gwasga**'r trysorau'n ofalus i mewn i'r glud.

2

Clyma **linyn, rhuban, neu wlân** wrth y ffon i'w haddurno. Planna'r ffon mewn **pot blodyn** a'i gosod yn dy stafell.

Casgla drysorau sydd â lliwiau a theimlad gwahanol.

Breichled fendigedig

Mae'r **freichled fendigedig** hon yn ffordd arbennig o gasglu trysorau natur wrth fynd am dro!

1 Gofynna i oedolyn roi darn o dâp cryf o gwmpas dy arddwrn gyda'r **ochr ludiog ar y tu allan** gan gysylltu'r ddau ben i greu dolen.

RHYBUDD *Oedolyn!*

2 Cer am dro i fyd natur i **gasglu** dail, blodau, plu neu frigau. **Gwasga** bob trysor yn ddiogel ar dy freichled ludiog.

Erbyn diwedd dy antur, bydd gyda ti freichled yn llawn pethau hardd a welaist ar dy daith.

9

Coed anhygoel!

Mae cymaint o fathau **gwahanol** o goed yn y byd.
Beth am ddefnyddio **gwaith celf** i weld y **gwahaniaethau**?

Bydd eisiau:

paent

brwshys paent

glud PVA

creonau

papur

dail cymysg

Bydd angen i ti fynd
â phapur a chreonau
lliw gyda ti wrth
fynd am dro.

Rhisgl llyfn ffawydden

Rhisgl garw helygen

Cliwiau rhisgl

Gosod dy bapur yn erbyn rhisgl coeden. **Rhwbia** ar y **rhisgl** coeden. **Rhwbia** ar y papur ag ochr dy **greon**. Beth sy'n digwydd? Rho gynnig ar goeden arall – oes gwahaniaeth?

1

Cliwiau dail

Casgla ddail o bob **lliw, siâp a maint sydd wedi disgyn.** Gartref, gad i'r dail sychu os ydyn nhw'n wlyb.

Mae dail pob coeden yn edrych yn wahanol.

2

Peintia'r dail yn dy hoff liwiau, a'u gadael i sychu. **Trefna** dy ddail ar ddarn o **bapur** a'u gludo ar y papur.

Pa siapiau yw dy ddail di?

Hir a llydan gydag ochrau tonnog

Hir a chul gydag ochrau llyfn

Beth am greu oriel natur i ddangos dy waith celf o'r coed?

Pwy yw pwy?

Sawl **bwystfil bach** gwahanol alli di eu **henwi**?
Casgla fwystfilod bach o'r **ardd** neu'r parc
a cheisia eu henwi bob un.

Bydd eisiau:

cynhwysydd
plastig bas

pridd

chwyddwydr

papur

dail a mwsogl

cerigos mân

1

Rho haen denau o
bridd yn y cynhwysydd
plastig. Ychwanega
gerigos, **dail** a **mwsogl**.

2

Yn y parc neu'r ardd, **chwilia** am fwystfil bach o dan bren marw, cerrig neu ddail. **Gosod** y papur wrth ochr y creadur ac **aros** iddo gripian dros y papur.

Wedi i ti edrych arno, mae'n BWYSIG dy fod yn rhoi'r creadur 'nôl yn ddiogel yn y man lle gwelaist ti ef gyntaf.

3

Cyn gynted ag y bydd wedi dringo ar y papur, gosod y bwystfil bach **yn ofalus** yn dy gynhwysydd.

ARCHWILIO
ecoleg

Sawl coes sydd gan y bwystfil bach?

Gad iddo ddringo dros dy law. Sut mae'n teimlo?

Sawl rhan o'i gorff fedri di enwi?

Defnyddia chwyddwydr i edrych yn ofalus ar y creadur.

13

Bwyd i'r adar

Yn ystod y gaeaf, mae **adar** yn ei chael hi'n anodd i ganfod **bwyd** am ei fod yn brin. **Helpa** nhw drwy greu **bwyd i'r adar**.

Ar gyfer bwydwr mochyn coed, bydd eisiau:

moch coed

menyn pysgnau

hadau

cortyn a siswrn

cynhwysydd bas

cyllell bren

1

Bwydwr mochyn coed

Lapia gortyn o gwmpas pen llydan y mochyn coed a **chlymu cwlwm**.

Defnyddia tua 60 cm (24 modfedd) o gortyn.

2

Defnyddia'r gyllell bren i **daenu** haenen drwchus o **fenyn pysgnau** dros y mochyn coed.

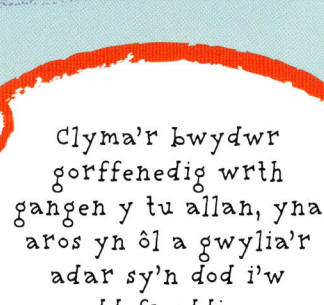

Clyma'r bwydwr gorffenedig wrth gangen y tu allan, yna aros yn ôl a gwylia'r adar sy'n dod i'w ddefnyddio.

Sawl math gwahanol o adar sy'n defnyddio'r bwydwr? Ai rhai bach neu fawr ydyn nhw? Pa liwiau ydyn nhw?

3

Arllwysa dy hadau i'r cynhwysydd a **rholio** dy fochyn coed yn yr hadau. **Clyma**'r bwydwr i fyny y tu allan.

Gwna'n siŵr fod y bwydwr wedi'i glymu'n dynn a diogel!

Os nad oes menyn pysgnau

na mochyn coed yn gyfleus,
defnyddia'r botel fwydo hon
i fwydo'r adar yn dda.

Ar gyfer y bwydwr potel, bydd eisiau:

dau frigyn
(o leiaf ddwywaith
lled y botel)

cynhwysydd bas

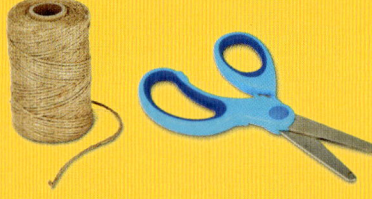

cortyn a siswrn

potel fach
blastig

hadau

1

Bwydwr potel

Gofyn i oedolyn dorri dau bâr o dyllau'n ofalus yn y botel. Dylai pob pâr fod gyferbyn â'i gilydd. **Gwthia**'r brigau drwy'r tyllau.

RHYBUDD
Oedolyn!

2 Uwchben pob brigyn, gwna dwll bwydo bach tua 1 cm (0.4 modfedd) o led. **Llanwa**'r botel â **hadau** a gosod y caead 'nôl yn ei le.

Ceisia ddefnyddio cymysgedd o hadau gwahanol.

Ceisia ddefnyddio mathau gwahanol o hadau neu gnau yn y bwydwr. Oes rhai adar yn hoffi un peth yn fwy na'r llall?

Mae cnocell y coed gwirioni ar gnau

Clyma ddarn hir o gortyn o gwmpas y botel a'i hongian y tu allan er mwyn i adar allu clwydo arni.

17

Cartref bwystfilod bach

Mae **bwystfilod bach** yn hoffi **cartref** sy'n cynnig **bwyd**, **cysgod** a **dŵr**. Mae'r **cynefin bwystfilod bach** yma'n cynnig lle i greaduriaid gwahanol fyw gyda'i gilydd.

Bydd eisiau:

brigau mân
(neu frigau bambŵ
os oes rhai ar gael)

tua deg brigyn hir

cortyn

cerigos

dail

moch coed

cardbord

siswrn

creonau

1

Chwilia am batsyn o bridd y tu allan. Trefna'r **brigau hir** mewn siâp côn. **Clyma gortyn** o gwmpas y top er mwyn dal y brigau gyda'i gilydd.

2

Gosod y **cerigos** o fewn dy gynefin, wedyn gosod y **brigau** bach neu **frigau bambŵ**, moch coed, a dail ar y top.

Ust! Wedi diwrnod neu ddau, cymer sbec i weld pwy sydd wedi symud i mewn!

Gosod driongl cardbord fel drws.

19

Sut dywydd yw hi?

Mae **cofnodi'r tywydd** a dysgu sut mae **anifeiliaid** a **phlanhigion** yn ymdopi ag amodau gwahanol yn rhan bwysig o waith ecolegydd.

Bydd eisiau llyfr nodiadau â saith tudalen arnat, neu ddarn mawr o bapur.

Noda enw'r diwrnod a'r dyddiad ar frig pob tudalen, fel hyn:

RHYBUDD
Oedolyn!

Gofyn i oedolyn dy helpu os wyt ti'n ei chael hi'n anodd i ysgrifennu

Dydd Llun

DYDDIAD _____

....

....

....

....

A welaist ti'r haul? Wyt ti'n teimlo glaw neu eira? A glywaist ti'r gwynt?

Edrych tu allan. Sut dywydd yw hi? Beth wyt ti'n **gweld**, **teimlo** a **chlywed**?

Gwylia'r tywydd am saith diwrnod. Oes unrhyw **newid**?

Tynna lun neu ysgrifenna am y tywydd yn dy lyfr nodiadau.

Sut wyt ti'n **paratoi** ar gyfer y tywydd? Wyt ti'n gwisgo **welis** yn y glaw? Wyt ti'n gwisgo het yn yr haul?

Sut mae anifeiliaid yn amddiffyn eu hunain mewn gwahanol fathau o dywydd?

Wyt ti'n gallu gweld unrhyw anifeiliaid sy'n mwynhau'r tywydd?

Tynna lun un **anifail** sy'n hoffi'r glaw ac un sy'n hoffi'r haul.

Olion yn y mwd

Mae anifeiliaid ac ecolegwyr **wrth eu bodd â** mwd!
Mae **anifeiliaid** yn hoffi **rholio ynddo** ac mae ecolegwyr yn
hoffi **edrych i mewn iddo** er mwyn **dysgu amdanyn nhw.**

Bydd eisiau:

anifeiliaid plastig

powlen

powdr coco

dŵr

blawd

Cymysga bopeth gyda'i gilydd i greu mwd trwchus.

Gosod y **cynhwysion** yn y **bowlen.**

Gad i'r cymysgedd sychu ychydig.

Gwna i dy anifeiliaid plastig **gerdded**. Meddylia beth fydden nhw'n ei wneud yn naturiol – mae adar yn **llamu**, ceffylau'n **trotian**, a geifr yn **ymosod**!

Y tro nesaf y byddi di'n mynd am dro tu allan, chwilia am olion yn y mwd. Wyt ti'n gallu gweld olion carnau carw, neu bawennau mochyn daear neu gadno? Pa siâp sydd i dy olion traed di?

Cuddia dy anifeiliaid a gofyn i rywun **ddyfalu olion** pa anifail ydyn nhw? Rho gliwiau – mae anifeiliaid trymach yn gadael olion dyfnach.

Olion carw

Olion mochyn daear

Olion cadno

Gwe pry cop

Mae **pry cop** yn adeiladu **gwe i ddal** pryfed i'w bwyta. Alli di **wau** gwe o gortyn i **ddal** danteithion blasus?

Bydd eisiau:

cortyn

siswrn

brigau

1

Gosod dy frigau i **groesi** ei gilydd mewn **siâp seren**.

Po fwyaf y brigau, mwyaf y we!

2

Lapia a **chlyma** ddarnau o **gortyn** o gwmpas y brigau lle maen nhw'n cyfarfod yn y **canol**. Gwna hyn ar gyfer pob un o'r **croesliniau**.

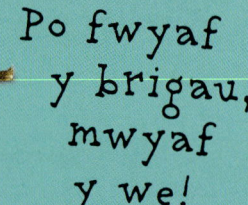

3 **Clyma** ddarn **hir iawn** o **gortyn** wrth frigyn yn agos i ganol y seren. Yna lapia'r cortyn o gwmpas y brigyn nesaf.

Gosod dy we ar goeden yn yr ardd neu wrth fynedfa'r tŷ.

4 Dal ati, gan **droi**'r cortyn o gwmpas pob brigyn nes i ti gyrraedd **ymyl** y seren. O gyrraedd y pen, clyma **gwlwm**.

Oeddet ti'n gwybod mai arachnid yw'r pry cop, nid pryfyn? Mae gan arachnid wyth coes, ond chwe choes sydd gan bryfyn.

Adeiladu nyth

Mae angen man **diogel** a **chadarn** ar gywion
i **ddeor** a chael eu **bwydo** gan eu rhieni.
A fedri di adeiladu dy **nyth cadarn** dy hun?

Bydd eisiau:

plât papur

siswrn

tyllwr papur

clai aer sych

deunyddiau nythu

brigau mân

1

Gwna **dyllau** o gwmpas
ymyl y plât. Dylai'r tyllau
fod tua **lled bys** oddi
wrth ei gilydd.

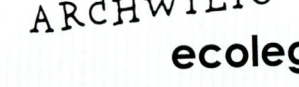

ARCHWILIO
ecoleg

 Ydy dy nyth di'n
teimlo'n ddiogel
a chadarn?

 Pa mor ddwfn sydd
angen iddo fod i gadw'r
wyau'n ddiogel?

 Beth sy'n digwydd i'r
nyth pan fydd hi'n bwrw
glaw? Rho gynnig arni
wrth roi'r nyth y
tu allan!

2 Gwehydda frigau drwy'r tyllau i greu **ffrâm gadarn.**

Ychwanega ddail, mwsogl a phlu i'w wneud yn feddal a diddos.

Llunia wyau ffug o glai aer sych, a gosod nhw yn dy nyth fel wyau go iawn! Mae adar yn dodwy wyau mewn nyth ac yn gofalu am y cywion yno pan fyddan nhw'n deor.

Synau byd natur

Alli di greu dy **gerddorfa dy hun** o fyd natur?
Beth am fynd am dro i **fyd natur** i gasglu
ambell beth i'w **defnyddio fel offerynnau?**

Casgla bopeth rwyt ti'n ei ddarganfod mewn bwced.

Synau anifeiliaid

Mae natur yn gwneud llawer o **sŵn**! Bydd anifeiliaid gwyllt yn **cadw sŵn** am bob math o resymau.

Mae adar yn **canu** i **rybuddio** adar eraill o berygl.

Mae moch daear yn **chwyrnu** wrth **chwarae.**

Defnyddia dy ffefrynnau:

🖐️ Ceisia daro dau yn erbyn ei gilydd – pa sŵn sydd i'w glywed?

👂 Ysgwyd rai o'r pethau rwyt ti'n eu canfod mewn tun – pa sŵn maen nhw'n ei wneud?

🧠 Alli di greu cân am fynd am dro a chwarae'r offerynnau fel cyfeiliant?

Mae llawer o offerynnau i'w cael ym myd natur!

mes

ysgwyd nhw

tapio

moch coed

brigau

dail

rhwbia nhw ei gilydd

cerrig

curo yn erbyn coeden

cnau castan

siffrwd

rholio ar hyd y ddaear

hadau

ratlo

29

Mae'r cadno'n **sgrechian** i ddenu sylw **cadnoid** eraill.

Stori cylch bywyd broga

Peintia dy **gylch bywyd** broga dy hun i weld
sut mae **grifft** yn tyfu i fod yn **frogaod**.

Bydd eisiau:

5 carreg fawr, wedi'u
golchi a'u sychu

pen marcio

paent

brwsh paent

Bydd pob carreg yn
dangos cam gwahanol yng
nghylch bywyd broga.

papur

30

Peintia

Yma gwelir y pum cam gwahanol yng nghylch bywyd broga.

Pa **gylchoedd bywyd** eraill alli di eu peintio?

grifft

penbwl

broga

Gosod dy gerrig mewn cylch ar ddarn o bapur. Tynna **saeth** rhwng bob carreg i ddangos cyfeiriad y cylch.

broga ifanc

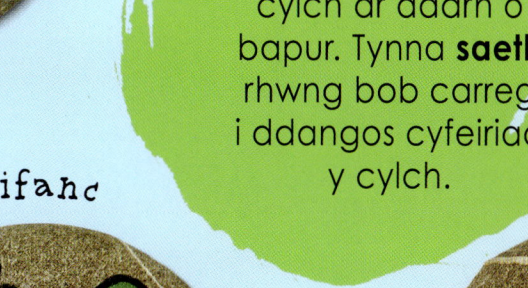

penbwl coesog

Y tro nesaf y byddi di'n pasio pwll dŵr, edrycha'n ofalus am arwydd o unrhyw gam yng nghylch bywyd broga!

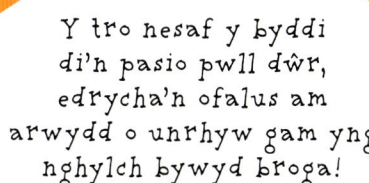

Amffibiaid yw brogaod. Maen nhw'n gallu byw mewn **dŵr** ac ar y tir. **Metamorffosis** yw'r enw ar newid o un ffurf i'r llall, fel newid o benbwl i froga ifanc. Mae'r broga'n edrych yn hollol **wahanol** o un cam i'r llall!

31

Creu dy bridd dy hun!

Mae pridd yn darparu **egni** er mwyn i **blanhigion** allu tyfu'n fawr ac yn gryf. Mae'n bosibl i ti greu dy bridd dy hun, o'r enw **compost**, gan ddefnyddio **sborion bwyd**.

Bydd eisiau:

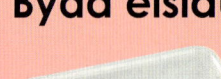

paent

cynhwysydd plastig â chlawr

pen ysgrifennu

coffi mâl wedi'i ddefnyddio

dail meirw

plisgyn wy

sborion ffrwythau a llysiau

papur newydd wedi malu

cardbord

RHYBUDD
Oedolyn!

Defnyddia'r **pen** i greu **tyllau** yn y **clawr**. Gall **aer** gyrraedd y compost drwyddyn nhw.

32

Addurna dy gynhwysydd

ARCHWILIO ecoleg

Beth yw'r arogl yna? Mae'r holl fwyd a'r dail yn dy gompost yn chwalu'n raddol. Gall fod yn ddrewllyd iawn!

Ydy'r compost yn teimlo'n gynnes? Mae hyn yn digwydd am fod organebau bychain yn gweithio'n galed i'w dorri'n fân. Yn ystod tywydd oer, mae'n bosibl gweld stêm yn codi ohono! Golcha dy ddwylo ar ôl cyffwrdd â'r compost.

Llenwa dy focs â sborion, dail, papur newydd, plisgyn wyau a chardbord cyn ei osod **y tu allan**. Mewn ychydig fisoedd bydd wedi **chwalu** i greu **compost llawn maetholion!**

Mae compost yn fwyd i lawer o bethau byw, yn cynnwys mwydod/pryfed genwair, bacteria (organebau bychain), a ffyngau.

Tyfu neu beidio?

Beth sydd angen ar **blanhigion** i **dyfu**?

Beth am dyfu **ffa** i weld?

Bydd eisiau:

3 gwydryn tal
(gwydr clir sydd orau
er mwyn i ti allu gweld
y ffa'n egino)

gwlân cotwm

dŵr

3 ffeuen
(bydd unrhyw
hadau ffa'n gweithio,
fel ffa llydan)

1

Rho **label** A, B, C ar
y gwydrau, cyn llanw
dwy ran o dair o bob
gwydryn â **gwlân
cotwm**. Gosod **ffeuen**
ar ben y gwlân cotwm
ym mhob gwydryn.

2

Ysgeintia ddŵr dros
wydrau A a B i
wlychu'r gwlân
cotwm. Cofia gadw'r
gwlân cotwm yng
ngwydryn C
yn **sych**.

3

Rho bob **gwydryn** yn y mannau canlynol am **bythefnos**.

Sil y ffenest

Bocs tywyll neu gwpwrdd

A

B

Sil y ffenest

C

4

Sylwa ar y ffa **bob diwrnod neu ddau**. Rho fwy o ddŵr i A a B os ydyn nhw'n edrych yn sych. Pa ffeuen sydd **dalaf**?

Os nad oes gyda ti wlân cotwm, gall papur cegin weithio hefyd!

A   Gan fod **dŵr**, **golau** ac **aer** gan y ffeuen hon, hi fydd yn tyfu orau.

B   Dylai'r ffeuen yma egino, ond fydd hi ddim yn tyfu **heb olau**.

C   Fydd y ffeuen yma ddim yn egino na thyfu **heb ddŵr**.

Blodau i'r gwenyn a'r pilipalod

Mae **gwenyn** a **philipalod** wrth eu bodd yn bwydo ar hylif blasus o'r enw **neithdar** sy'n dod o **flodau**. Drwy dyfu blodau, mae modd helpu'r **pryfed pwysig** yma.

ARCHWILIO **ecoleg**

Edrycha tu allan am wenyn a philipalod. Pa flodau sy'n eu denu? Pa liw yw'r blodau?

Oes arogl cryf gan y blodau sy'n denu'r gwenyn a'r pilipalod?

Fedri di dynnu llun o wahanol rannau o flodyn a'u henwi?

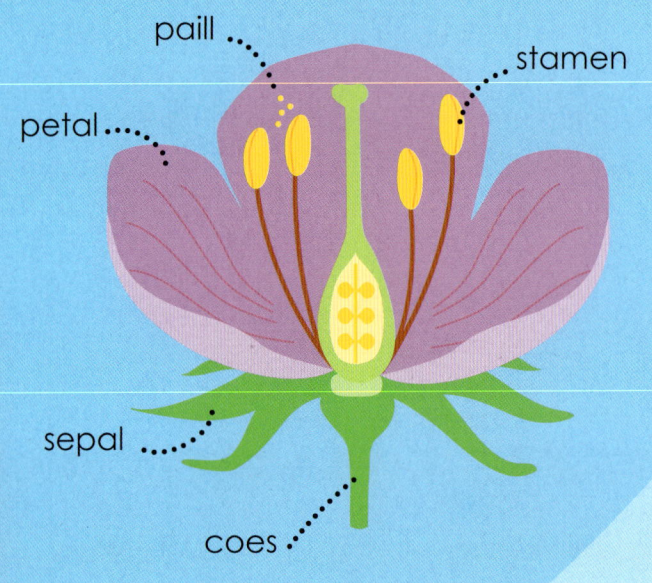

paill

stamen

petal

sepal

coes

echinacea

Dyma rai syniadau ar gyfer blodau i'w tyfu sy'n denu gwenyn a philipalod.

Drwy helpu gwenyn a philipalod, rwyt ti'n helpu planhigion hefyd! Hebddyn nhw, byddai llawer o blanhigion yn methu tyfu.

Peillio

Wrth i'r pryfed hedfan o **un blodyn i'r llall**, mae'r **paill** arnyn nhw'n rhwbio'n erbyn rhannau o flodau eraill. **Peillio** yw'r enw ar hyn. Mae'n helpu planhigion i greu **hadau** ar gyfer tyfu planhigion newydd.

Amser bwyd

Mae gwenyn a philipalod yn defnyddio'u **tafodau hir** i yfed **neithdar** o flodau. Wrth fwydo, maen nhw'n rhwbio yn erbyn **powdr** o'r enw **paill** ar stamen y blodau, sy'n **glynu** i'w cyrff.

blodyn haul

cywarch gwyllt

lafant

rhuddos

Potiau planhigion papur

Mae **tyfu** planhigion yn hwyl, ond cyn i ti ddechrau bydd eisiau **potiau**. Beth am **greu rhai dy hun**?

Bydd eisiau:

rholyn cegin wedi'i dorri'n hanner

cynhwysydd plastig

papur newydd neu gylchgrawn

siswrn

pridd

hadau

gwydryn

Potiau cardbord

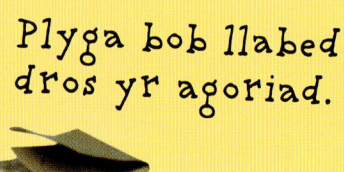

Plyga bob llabed dros yr agoriad.

Torra bedair agen 2.5 cm (1 fodfedd) yn un pen o hanner y **rholyn cegin** gwag i greu pedair **llabed**. **Gwna'r un peth** gyda'r rholiau eraill.

38

Gosod y **potiau cardbord** mewn **cynhwysydd plastig.** Llenwa nhw â **phridd**, wedyn cei ddechrau **plannu hadau**!

Potiau papur newydd

Plyga ddalen o **bapur newydd** yn ei hyd **ddwywaith.**

Lapia'r papur newydd wedi'i blygu o gwmpas gwydryn heu botel.

Plyga'r papur newydd o gwmpas **gwaelod** y gwydryn gan adael **potyn papur newydd.**

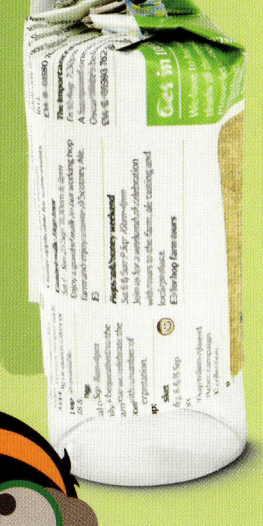

Ceisia dyfu bwyd yn y potiau. Mae hynny'n golygu bod bwyd yn teithio llai o bellter i dy gyrraedd. Mae hyn yn well i'r blaned.

Tyfu gartref

Nid yn unig mae bwyd sy'n cael ei dyfu gartref **yn dda i'r blaned**, ond mae'n **flasus iawn** hefyd – felly **tyfu amdani**!

Bydd eisiau:

3 photyn

compost

dŵr

hadau tomato

hadau pupur coch

hadau brenhinllys

1

Llenwa bob potyn â **chompost** dri chwarter ffordd i fyny.

Mae compost yn llawn maetholion.

2

Gwthia dy **fys** i'r compost i greu **twll** bach.

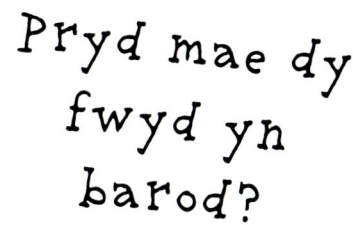

Pryd mae dy fwyd yn barod?

Dylai tomatos a phuprau fod yn goch, yn llond eu crwyn ac yn dod oddi ar y goes yn rhwydd.

3

Rho'r **hadau** tomato yn y twll, a'u **gorchuddio** ag ychydig o gompost. Gwna'r un peth â'r hadau pupur a brenhinllys yn y ddau botyn arall.

4

Rho **ddŵr** i'r hadau, cyn gosod dy botiau ar sil ffenest **yn yr haul**.

Cofia gadw dy gompost yn llaith. Sylwa arno bob bore ac ychwanega ychydig o ddŵr os yw'n teimlo'n sych.

Blasa'r bwyd rwyt ti wedi'i dyfu. Pa un yw dy ffefryn?

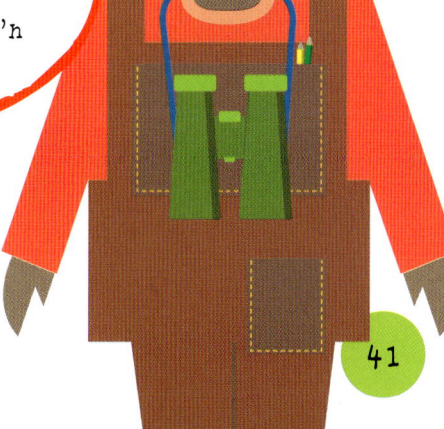

Pyllau trai trawiadol

Mae pyllau trai i'w cael ar hyd **arfordiroedd creigiog**.
Maen nhw'n ffurfio pan fydd **dŵr yn cael ei ddal** ar greigiau
a rhwng creigiau pan fydd y **môr ar drai**.

Bydd eisiau:

powlen fawr
neu fwced

tywod

dŵr

offer modelu

clai aer sych

creigiau a cherigos

cregyn (dewisol)

Gwneud
dy bwll
trai dy hun.
Yn gyntaf, bydd
eisiau i ti greu
ambell greadur
i fyw yno.

Ffurfia **greaduriaid
môr** bychain fel
crancod a **sêr môr**
o glai aer sych.

Adeiladu pwll trai

1

Taena haenen o **dywod** mewn **powlen**.

2

Gosod **greigiau, cerigos** a **chregyn** o gwmpas ymyl y tywod. Arllwysa ychydig o ddŵr i mewn.

3

Nawr mae dy greaduriaid yn barod i **blymio i mewn** i'w **cynefin**!

... beth am ychwanegu gwymon?

Os wyt ti'n byw ar lan y môr...

Mae creaduriaid y môr yn byw mewn pyllau trai, gan aros yno nes i'r môr ddod 'nôl. Cynefin yw enw cartref creadur.

43

Gallaf achub y blaned!

Mae angen dy **help** di ar ein planed! Dyma rai ffyrdd y gallwn ni i gyd **achub y blaned**.

Gall plastig yn y moroedd niweidio creaduriaid môr.

Ceisia brynu bwyd wedi'i lapio mewn papur neu gerdyn fel bod llai o wastraff plastig gartref.

1

Defnyddia'r un **bagiau siopa** fwy nag unwaith.

44

2

Gwna'n siŵr bod dy **botel ddŵr** yn un y gellir ei **hailddefnyddio** drosodd a thro.

3

Chwilia am y symbol **ailgylchu** ar y pethau rwyt ti'n eu prynu. Wedyn, helpa i **ddidoli**'r deunydd **ailgylchadwy** oddi wrth y sbwriel gartref.

4

Ceisia beidio **gwastraffu bwyd** na deunyddiau. Mae'n bosibl rhoi gwastraff bwyd mewn **bin compost**.

5

Uwchgylcha bethau dy hun! Defnyddia **hen** eitemau i greu rhai **newydd**.

wAw!

45

Edrych,
rwyt ti'n ecolegydd!

Mae ecolegwyr anhygoel (fel ti) yn defnyddio'u **hymennydd**, eu **creadigrwydd** a'u holl **synhwyrau** i archwilio'r **byd rhyfeddol** o'u cwmpas a'i wneud ychydig yn fwy **hapus**.

Pam fod pethau'n digwydd?

Mae ecolegwyr yn defnyddio'u synhwyrau i ddeall beth sy'n digwydd ym myd natur. Mae'n bwysig gwylio a dysgu o'r byd o'n cwmpas.

Sut mae amddiffyn natur:

Mae ecolegwyr yn gweithio'n galed i ddiogelu byd natur. O gynllunio cartref i fwystfilod bach i greu bwydwr ar gyfer adar, mae digon o ffyrdd i ti allu diogelu byd natur hefyd.

Newydd neu beidio?

Mae ecolegwyr yn treulio eu hamser allan yng nghanol byd natur, felly maen nhw'n defnyddio planhigion, ffwng ac anifeiliaid newydd o hyd. Cadwa dy lygaid ar agor – efallai y cei dy synnu!

Dal ati!

Does dim ots os nad yw'r hyn rwyt ti'n ei greu i helpu byd natur yn gweithio ar y cynnig cyntaf. Dal ati i sylwi ar y byd o dy gwmpas a rhoi cynnig ar bethau newydd nes i ti ganfod rhywbeth sy'n gweithio.

Ceisia feddwl am ffyrdd eraill o helpu'r planhigion a'r creaduriaid yn yr ardal o gwmpas dy gartref.

Da iawn – rwyt ti'n ecolegydd!

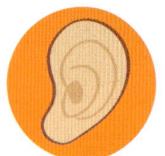
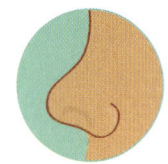
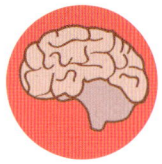

Mynegai

Cyhoeddwyd gyntaf yn Gymraeg yn 2023
gan Rily Publications Ltd, Blwch Post 257, Caerffili, CF83 9FL
Mae'r cyhoeddwr yn cydnabod cefnogaeth
ariannol Cyngor Llyfrau Cymru.
Hawlfraint © 2021 Dorling Kindersley Limited,
cwmni Penguin Random House
Hawlfraint y fersiwn Gymraeg © Rily Publications Ltd.
ISBN: 978-1-80416-329-0

Argraffwyd a rhwymwyd yn China

www.rily.co.uk

Cydnabyddiaeth lluniau
Dymuna'r cyhoeddwr ddiolch i'r canlynol am
eu caniatâd caredig i atgynhyrchu eu ffotograffau:
(Allwedd: c-canol; ch-chwith; dd-dde;
e-eithaf; g-gwaelod; t-top; u-uwchben)

6 123RF.com: stillfx (cchu). 10 Dorling Kindersley:
Neil Fletcher (gch). Dreamstime.com: Vvoevale (c). 11 Dreamstime.
com: Ksushsh (tc, cchu); Vvoevale (cu). 12 Dreamstime.com:
Anton Starikov (cu). 14 123RF.com: Ruslan Nassyrov (cchu).
15 123RF.com: Ruslan Nassyrov(g). 16 123RF.com: Ruslan
Nassyrov (cchu). 17 Dreamstime.com: Stig Karlsson / Stigsfoto (cg).

Ysgrifennwyd gan Cathriona Hickey
Golygyddion Sarah MacLeod, Sophie Parkes
Uwch-olygydd Dawn Sirett
Cynllun a Lluniau Rachael Hare
Cynllunio Pellach Karen Hood
Ymgynghorydd Addysgol Penny Coltman
Ffotograffydd Lol Johnson
Cynllunydd Siaced Rachael Hare
Cydlynydd Siaced Issy Walsh
Golygydd Cynhyrchu Abi Maxwell
Rheolwr Cynhyrchu Isabell Schart
Golygydd Rheoli Penny Smith
Is-gyfarwyddwr Celf Mabel Chan
Cyfarwyddwr Cyhoeddi Sarah Larter
Addasiad Cymraeg Sioned Lleinau

Cyhoeddwyd gyntaf ym Mhrydain yn 2021 gan Dorling Kindersley Limited
One Embassy Gardens, 8 Viaduct Gardens, Llundain, SW11 7BW

20–21 Dreamstime.com: Daboost. 21 Alamy Stock Photo: Andrew
Paterson (cchg).Dreamstime.com: Toneimage (c). 22 Dreamstime.
com: Veronika Oliinyk (cchu, cchu). 22–23 Dreamstime.com:
Isselee (gc). 23 Alamy Stock Photo: blickwinkel/H.Schulz (gc);
SeanCampbell (gch); blickwinkel/Schulz (egch). Dreamstime.com:
Isselee (gch); Veronika Oliinyk (tdd,crb). Getty Images/iStock:
Kaphoto (gc/Mochyn Daear). 28 123RF.com: Václav Šebek (gch).
Dreamstime. com: Victortyakht (gc). 29 123RF.com: Christian
Mueringer (cdd). Alamy Stock Photo: Tom Uhlman (gch).
31 AlamyStock Photo: Philip Jones (gc). 32 Dreamstime.com: Elena
Kazanskaya (cchu). 34 Dreamstime.com: Katerynabigcho (cchu).
36 Dreamstime.com: Marina Lohrbach (gch). 37 Dreamstime.com:
Richard J Thompson / Photoaged (cchu); Krzysztof Slusarczyk (gch).
38 Dreamstime.com: Katerynabigcho (c/ffa); Phanuwatn (cla); Anton
Starikov (c). 40 Dreamstime. com: Carolyn Franks (cla); Liudmyla
Havryliuk (c); Penchan Pumila (cdd). 41 Dreamstime.com: Carolyn
Franks (cu); David Moreno (tc); Tatiana Neelova (gch); Wirestock (gc).
45 123RF.com: (cch); Martin Spurny (c). Dreamstime.com: Photka (c/
Sbwriel, gc); Svitlana Ponurkina (tch); Roberto Giovannini / HP_
Proprietario (cddg)
Lluniau'r clawr blaen: Dreamstime.com: Michael Truchon (cchg)
Hawlfraint pob llun arall © Dorling Kindersley
Am wybodaeth bellach gweler: www.dkimages.com

CYMYSGEDD
Papur | Yn cefnogi
coedwigaeth gyfrifol
FSC® C018179

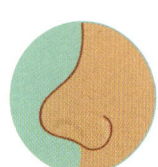
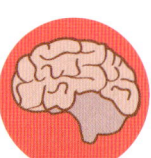